LA
NOUVELLE RUE GROLÉE

Par le Dʳ CLÉMENT

Médecin de l'Hôtel-Dieu

Administrateur et Médecin consultant du Dispensaire

LYON

IMPRIMERIE MOUGIN-RUSAND

Rue Stella, 3

1891

LA NOUVELLE RUE GROLÉE

LA
NOUVELLE RUE GROLÉE

Par le Dʳ CLÉMENT

Médecin de l'Hôtel-Dieu

Administrateur et Médecin consultant du Dispensaire

LYON

IMPRIMERIE MOUGIN-RUSAND

Rue Stella, 3

1891

LA NOUVELLE RUE GROLÉE

La pioche des démolisseurs en a bientôt fini avec les vieilles masures de la rue Grôlée. Des flots d'air et de lumière circulent déjà dans ce quartier sombre et humide qui déparait si étrangement le centre de notre ville.

Sur son emplacement trop longtemps déshérité, va s'édifier un quartier nouveau qui offrira, dit-on, toutes les améliorations hygiéniques que l'on est en droit d'attendre à notre époque d'une si importante transformation.

En votant le projet de reconstruction de la rue Grôlée, nos conseillers municipaux ont eu, en effet, pour but principal d'améliorer les conditions sanitaires de la ville et en cela ils ont bien mérité de leurs concitoyens. Mais pour que cette transformation porte tous ses fruits, il ne suffit pas de tracer des rues larges et bien alignées, il faut aussi que les maisons soient construites, distribuées et ordonnées dans leurs plus minutieux détails, suivant certaines règles scientifiques.

Or, a-t-on consulté à ce sujet les gens compétents, les médecins qui font partie du conseil d'hygiène du département ou du conseil de la ville? Leur a-t-on soumis les plans détaillés des immeubles à construire pour qu'ils puissent s'assurer que les règles concernant l'hygiène des habitations ne seront pas ignominieusement violées, comme cela se voit dans la plupart de nos maisons?

Cela m'étonnerait, car ce n'est point encore l'usage en France de demander avis au corps médical à propos de travaux qui ont cependant pour raison d'être l'assainissement de tout un quartier.

Sauf quelques restrictions imposées par les règlements de voirie, les architectes ont toute liberté pour construire à leur guise, or je dois dire que malgré le talent qu'ils dépensent sous d'autres rapports, ils ne font pas toujours preuve d'une compétence marquée sur la question sanitaire.

La plupart d'entre eux, — remarquez que je dis la *plupart*, — semblent n'avoir qu'un médiocre souci de la distribution hygiénique des immeubles et sacrifient tout aux raisons artistiques et économiques. A en juger d'après ce que nous sommes appelés à voir chaque jour, même dans les maisons les plus récentes et les plus luxueuses, il en est peu qui se montrent au courant des progrès réalisés en d'autres pays dans l'hygiène des habitations privées ou collectives, et nous avons lieu de craindre que nous ne soyons déçus dans nos espérances au sujet des perfectionnements hygiéniques que l'on nous promet.

Toutefois, je reconnais volontiers que dans les conditions habituelles, les architectes n'ont pas toujours leurs coudées franches ; que les propriétaires font construire dans le but de tirer le plus grand profit possible de leurs capitaux, et restent sourds aux considérations d'un autre ordre. Tel ne sera pas le cas en ce qui concerne la future rue Grôlée, les architectes ne rencontrant pas de résistance de cette nature pourront déployer à la fois tout leur art et toute leur science hygiénique.

D'ailleurs, MM. Delamarre et Ferrand sont trop intelligents pour ne pas comprendre qu'il est de leur avantage d'attirer sur leurs immeubles la faveur de la population en y réalisant toutes les améliorations propres à assurer aux habitants les meilleures conditions sanitaires.

Le temps n'est pas encore venu où les rues étroites et les logements malsains ne trouveront plus de preneurs, mais déjà l'esprit public s'éclaire et bien des gens consentent à s'imposer des sacrifices d'argent pour s'assurer une habitation plus saine et plus commode. L'avenir est aux maisons bien construites et aux quartiers salubres.

Ces réflexions faites, nous passons à l'examen d'un certain nombre de points concernant l'hygiène du nouveau quartier.

I

Salubrité de la Rue.

Orientation et insolation. — La nouvelle rue Grôlée devant former le prolongement du premier tronçon de la rue de la République aura la même orientation et la même largeur que celle-ci. Elle se dirigera en biais de la place de la République à la tête du pont Lafayette et mesurera 22 mètres de large.

Au point de vue artistique nous croyons que cette direction en biais changera heureusement l'aspect par trop monotone du centre de la ville. La nouvelle rue aura très probablement une circulation intense parce que les passants choisissent toujours la voie qui abrège les distances.

Au point de vue hygiénique cette orientation est moins heureuse, car la nouvelle rue allant du nord-est au sud-ouest, forme avec le méridien un angle d'environ 25 degrés.

J'étonnerai sans doute bien des gens en affirmant que par suite de cette direction oblique, malgré sa largeur trois fois plus grande elle sera moins bien ensoleillée que l'ancienne rue Grôlée, si étroite. C'est là cependant un fait incontestable que le calcul démontre (1).

Celle-ci, qui mesurait seulement 7 à 8 mètres de large, grâce à son heureuse orientation, à sa direction méridienne, recevait le soleil au mois de décembre, au *solstice d'hiver*, pendant une demi-heure sur chacune de ses façades. Pour jouir à la même époque de l'année d'une insolation d'égale durée, il aurait fallu donner à la nouvelle rue une largeur de

---

(1) Dr Clément. *De la largeur des rues.* Masson, Paris, 1889.

20 à 30 mètres, alors que avec les dimensions qui lui ont été assignées, elle ne recevra la visite du soleil que pendant quelques minutes.

Ce fait qui peut paraître paradoxal aux personnes étrangères à ces questions, se comprend aisément pour peu qu'on y réfléchisse. L'insolation des rues dépend de leur orientation, bien plus que de leur largeur. Quand elles sont parallèles au méridien, si étroites qu'on les suppose, elles reçoivent toujours les rayons solaires au moment du passage de l'astre.

Il n'en est pas de même pour les rues plus ou moins inclinées sur le méridien, les deux façades projettent alternativement leur ombre l'une sur l'autre, et dans ce cas la durée de l'insolation dépend avant tout de la largeur des rues et de la hauteur des maisons.

C'est pour cela que les rues transversales, comme les rues de Jussieu, Tupin, Thomassin et Ferrandière, ne reçoivent le soleil que d'un côté et ne le reçoivent que lorsqu'il est très haut sur l'horizon, c'est-à-dire dans la belle saison.

Lumière. — Si la nouvelle voie est moins bien ensoleillée que l'ancienne, elle rachètera cette cause d'infériorité par une meilleure ventilation et surtout par une meilleure distribution de la lumière dans les logements. En effet ces deux facteurs hygiéniques, insolation et lumière, ne sont pas nécessairement solidaires l'un de l'autre. Le premier dépend surtout de l'orientation des rues, le second dépend uniquement de leur largeur. Quand on ne peut pas les réunir tous deux, le degré d'éclairement a plus d'importance que l'insolation parce que dans les conditions ordinaires de la vie nous utilisons surtout la lumière diffuse pour nos travaux et que nous sommes bien plus longtemps soumis à son influence hygiénique qu'à celle des rayons solaires.

Or la lumière diffuse, à condition qu'elle nous parvienne directement du ciel et non à la suite de réflexions multiples, exerce sur notre santé une action bienfaisante, trop souvent méconnue. C'est là un point sur lequel je demande la permission d'insister parce que je le considère comme d'un intérêt capital pour nos concitoyens.

Il n'y a peut-être pas de ville où l'on compte autant de logements mal éclairés que dans la nôtre. Condamnés à vivre sous un ciel brumeux, nous devrions en conséquence construire nos maisons et nos rues de façon à nous procurer le plus de lumière possible, c'est justement l'inverse que nous faisons. Nos maisons sont si hautes et nos rues sont si étroites, que dans les étages inférieurs il est impossible d'apercevoir le plus petit lambeau du ciel, et que la moitié de la population ne dispose que de la lumière réfléchie par les murailles d'en face ce qui est déplorable pour l'organe de la vision et pour la santé générale.

Remarquez que je ne veux pas parler des rues anciennes, celles-ci sont définitivement condamnées dans l'esprit public. Je fais allusion aux voies les plus modernes, comme celles des Brotteaux ou de Perrache. Leur défaut tient moins à la largeur absolue des chaussées qu'à la hauteur excessive des maisons. Beaucoup de grandes villes ont des rues qui ne sont pas plus larges que les nôtres et présentent cependant un aspect moins sombre et moins triste. Tout simplement parce que les maisons y sont moins élevées et ne masquent pas la vue du ciel.

Sans sortir de notre ville nous pouvons citer plusieurs exemples analogues : la plupart des rues de Vaise, la Grande-Rue de la Guillotière, celles même de la Croix-Rousse, si on fait abstraction du luxe des magasins et de l'état de la voirie, sont infiniment plus gaies à parcourir que les plus grandes artères du centre. Les maisons étant basses, l'œil du promeneur y découvre une grande étendue du ciel, dont la lumière réagit sur son moral et le porte à l'entrain et à la bonne humeur.

La lumière exerce en effet sur le moral de l'homme une influence aussi marquée que sur ses fonctions vitales. Cela est si vraie qu'elle modifie le caractère et les aptitudes des races suivant le degré de luminosité du ciel qu'elles habitent.

Si les Lyonnais passent pour avoir un caractère froid et une humeur sombre et mélancolique, si on les accuse de manquer des grâces frivoles, de la légèreté et de la sociabilité des autres Français, ils le doivent à leur ciel brumeux et surtout à leurs rues trop étroites et à leurs logements obscurs. Leur race a subi l'influence d'un milieu où, enserrée dans des maisons trop hautes et trop rapprochées, elle est depuis des siècles en proie à cette mélancolie, à cette langueur morale qui s'emparent de nous quand notre œil ne reçoit qu'une lumière indécise.

Est-il besoin de rappeler les puissants effets de la lumière sur notre organisme? Tout le monde ne sait-il pas que la plante pâlit et s'étiole quand elle est privée de son action bienfaisante? Elle agit sur notre nutrition comme sur celle des végétaux; elle favorise les fonctions de la peau et ses échanges respiratoires; elle accroît la richesse du sang; elle contribue au développement normal des enfants, elle conserve la vue. Quand l'œil est obligé de fonctionner habituellement avec un jour insuffisant, il devient malade. La plupart des cas de myopie du jeune âge et beaucoup d'autres affections oculaires, ne reconnaissent pas d'autre cause.

Ajoutons un dernier argument qui touchera certaines personnes plus que ne l'ont fait les précédents; c'est qu'un appartement bien éclairé est économique : on dépense moins d'éclairage artificiel; on dépense moins de combustible parce qu'on peut travailler près de la cheminée au lieu de travailler près de la fenêtre, on fait des économies parce qu'on s'y porte mieux et qu'on a moins à payer au médecin et au pharmacien.

Voilà bien des raisons qui devraient faire réfléchir nos Conseillers municipaux qui lésinent sur quelques mètres de terrain, lorsqu'ils fixent dans leurs délibérations l'alignement de nos rues. Les choses se passent d'ordinaire de la façon suivante : L'Administration propose de porter à 22 mètres la largeur de la rue (exemple de la rue de la Charité). Un conseiller municipal trouve ce chiffre exagéré et propose 20 mètres; un second moins conciliant l'abaisse à 18 mètres.

Sur quoi se fondent ces messieurs pour établir ces dimensions de plus en plus exiguës? sur des considérations économiques? alors pourquoi 18 mètres et non pas 16 ou 14 mètres?

Nous savons ce que valent ces considérations économiques. On lésine alors que les terrains sont à bas prix, puis dans quelques années, lorsque le quartier aura pris un accroissement inespéré, quand de nouveaux moyens de transport seront établis, il faudra quadrupler la dépense, comme cela a eu lieu pour le cours Vitton, pour le cours Lafayette et pour bien d'autres rues.

C'est ainsi également que les choses se sont passées quand on a fixé à nouveau l'alignement de la rue Moncey. L'Administration proposait avec raison 22 mètres, le Conseil municipal a progressivement abaissé ce chiffre à 18 mètres. La rue Moncey est cependant une artère de premier ordre, son avenir est certain. C'est la seule rue qui coupe en biais le damier de la rive gauche, c'est la seule qui abrège les distances. En admettant qu'elle reste suffisante pour la circulation, qu'elle est en droit d'espérer un jour, elle sera au point de vue hygiénique insuffisante comme largeur, les logements des étages inférieurs y seront mal éclairés et à cause de sa direction oblique elle sera peu ensoleillée pendant l'hiver (1).

En tant que Lyonnais, nos conseillers municipaux sont habitués à considérer les rues de 10 à 12 mètres comme de belles rues et quand ils votent des voies de 18 mètres ils pensent de bonne foi avoir satisfait à toutes les exigences possibles. Ils semblent ignorer que dans les capitales et les grandes villes modernes, on porte à 30 mètres la largeur des artères principales et que si l'on donne aux artères secondaires des dimensions plus petites, on a soin de limiter la hauteur des maisons à un chiffre bien inférieur à celui qu'atteignent les nôtres.

Largeur de la rue et hauteur des maisons. — Ces critiques faites, qui d'ailleurs s'adressent moins aux hommes qu'aux errements inévitablement suivis parce que les règlements de voirie ont été rédigés autrefois sans aucune donnée scientifique,

---

(1) La preuve en sera fournie plus loin.

voyons quelles sont les règles qui devraient servir à déterminer la largeur des rues afin que les logements y soient convenablement éclairés.

Pour simplifier la question nous admettrons que si les rez-de-chaussée sont bien éclairés, tous les autres étages le seront également, nous supposerons constants deux facteurs : la hauteur des maisons (haut. 20 mètres) et la hauteur des linteaux, (haut. 4 mètres) pour le rez-de-chaussée, (3 mètres) pour les étages supérieurs.

Nous avons dit que les radiations lumineuses ne jouissent de leur bienfaisante activité qu'à la condition de nous arriver directement du ciel : si elles ne nous parviennent qu'après avoir subi des réflexions multiples sur les murailles, elles s'affaiblissent et perdent leurs propriétés hygiéniques, comme elles perdent leurs qualités optiques.

Un logement n'est bien éclairé que lorsque la lumière directe y pénètre dans toute sa profondeur, jusque sur le mur du fond : l'homme qui y séjourne devrait être baigné par cette lumière même quand il travaille debout dans toute l'étendue de la pièce. Les rayons directs devraient donc parvenir jusqu'au mur du fond à 2 mètres environ au-dessus du sol.

Cette condition idéale n'est pas susceptible d'être réalisée dans les villes, car les rues auraient plus de 40 mètres de large.

Si nous abaissons à 1 mètre du sol la limite de l'éclairement du fond, le linteau du rez-de-chaussée ne laissera passer les rayons directs à cette hauteur que si la rue mesure 27 mètres de large.

Cette largeur n'a rien d'excessif pour les villes de premier ordre. Puisqu'on ne peut pas réaliser la disposition optimum, celle qui laisserait pénétrer la lumière directe à 2 mètres au-dessus du sol, il faut autant que possible se rapprocher de la seconde que je viens d'indiquer.

Certains hygiénistes acceptent comme règle que la largeur des rues doit être égale à la hauteur des maisons, c'est la formule $L = H$. Cependant les rues ainsi établies ne laissent pénétrer la lumière au fond de la pièce qu'au niveau du sol. L'éclairement n'est pas suffisant et ne permet le travail à un mètre de hauteur sous un jour favorable qu'à 2 mètres ou 2 m. 50 de la porte, si l'on tient compte de l'épaisseur des murs.

Cette dernière disposition ne doit être considérée que comme un pis aller, elle peut être bonne pour les pays bien dotés sous le rapport de la sérénité du ciel, mais elle est insuffisante pour les villes qui sont situées comme la nôtre dans un climat où le ciel est habituellement sombre et voilé.

En conséquence, c'est entre les limites de 20 mètres et de 27 mètres que la largeur des rues réalise des conditions d'éclairement, se rapprochant le plus de la disposition optimum énoncée plus haut.

La rue Grôlée mesurant 22 mètres rentrerait donc à première vue dans la catégorie des rues jouissant d'un bon éclairement aux rez-de-chaussée. Mais cela dépendra de la hauteur que l'on donnera aux maisons. Je m'explique :

Les règlements de la voirie lyonnaise fixent à 20 m. 50 la hauteur des maisons dans les rues qui ont plus de 10 mètres, mais ils autorisent en outre d'établir un étage en mansarde avec un profil déterminé qui, tout calcul fait, augmente de 2 m. 46 la hauteur des bâtiments, ce qui la porte à près de 23 mètres.

Si donc, les entrepreneurs veulent user de tous leurs droits et il est à craindre qu'ils n'en sacrifient pas une parcelle, la rue Grôlée, bordée de maisons de 23 mètres, sera plus profonde que large, et par suite les logements inférieurs ne jouiront que d'un éclairement médiocre.

Dans le cas, au contraire, où l'on ne dépasserait pas 20 mètres dans la hauteur des bâtiments, hauteur suffisante pour avoir des rez-de-chaussée surmontés de 5 étages ayant plus de 3 mètres chacun, elle sera presque irréprochable sous le rapport de la lumière. Nous signalons cette particularité à qui de droit, s'il en est temps encore.

Je saisis cette occasion pour exprimer le vœu que l'autorité municipale revise les règlements de voirie, dont les dispositions ne sont plus en rapport avec l'hygiène moderne. Il est temps de substituer à l'arbitraire une donnée scientifique rigoureuse qu'on peut formuler ainsi : « La hauteur des maisons et la largeur des rues doivent être calculées de manière à permettre l'accès des *rayons directs de la lumière* jusqu'au fond des rez-de-chaussée. »

Je n'ai pas l'intention de développer ici les avantages de cette donnée, mais je puis dire qu'elle permet de construire des rues plus étroites que profondes, quand on diminue la hauteur des maisons au-dessous de 20 mètres, et de réaliser cependant les conditions d'éclairage sus énoncées. Par exemple, si les maisons n'ont que 17 mètres de hauteur, la rue peut n'avoir que 16 mètres de large ; si elles n'ont que 15 mètres, la largeur de la rue peut s'abaisser à 10 mètres ; on a dans tous les cas, exactement le même mode de distribution de la lumière en hauteur et en profondeur que dans les rues dont les deux dimensions sont égales et de 20 mètres.

Quand le conseil municipal fixe l'alignement d'une rue il devrait en même temps fixer la hauteur des maisons à construire proportionnellement à la largeur adoptée.

Ces deux conditions, aération et éclairement, sont nécessaires pour avoir des logements salubres, mais elles ne sont pas suffisantes : il faut en outre que les maisons soient construites et aménagées selon certaines règles dont nous allons rappeler les principales.

II

Salubrité des Maisons.

Je ne parlerai ni de la profondeur ni de l'épaisseur des fondations, c'est à l'architecte qu'il appartient de les déterminer, et je ne ferai que glisser sur le conflit qui s'est élevé à ce sujet entre M. Ferrand et les architectes de Lyon.

S'autorisant de ce qui se passe à Paris, M. Ferrand a donné aux fondations de l'îlot L une épaisseur moindre que celle qui est en usage dans notre ville. Sa manière de faire a été approuvée par les plus éminents architectes de Paris, qui n'auraient certainement pas accordé l'appui de leur nom et de leur autorité s'ils eussent conservé le moindre doute sur la résistance de pareilles fondations.

Néanmoins nos concitoyens ne se sont pas rendus à leurs arguments. Ils prétendent que le sol de notre ville est mouvant par suite des fréquents envahissements de la nappe souterraine et qu'ils sont forcés de construire plus solidement qu'à Paris.

Cette objection, qui, je crois, est la plus importante de celles qu'ils ont fait valoir, ne me semble pas convaincante. Il s'agit, remarquez bien, d'un sol depuis longtemps tassé, endigué et retenu de tous côtés par des constructions souterraines. On ne voit pas de prime abord comment se produiraient des affaissements de quelque importance, capables de menacer la stabilité des maisons.

Ces réflexions hasardées, je n'ai aucune peine à avouer mon incompétence et je n'insiste pas davantage sur ce point secondaire pour nous. Je regrette seulement que nos architectes ne puissent pas apporter dans leurs constructions le cachet d'élégance et de légèreté qui distinguent celles de Paris. Il y aurait quelque avantage à réaliser des économies sur la masse, peut-être excessive, des pierres enfouies dans le sol, pour les reporter sur le reste de la construction qu'on aménagerait avec plus de confort et d'une façon plus hygiénique.

CAUSES D'INSALUBRITÉ PROVENANT DU SOL. — Il est une première source d'insalubrité, contre laquelle on doit se prémunir, au moment de la fondation d'une maison, c'est le sol qui dégage des émanations nuisibles et qui renferme toujours plus ou moins d'humidité.

Gaz toxiques du sol. — Tous les terrains contiennent une certaine quantité de gaz dont la composition se rapproche de celle de l'air atmosphérique. Elle en diffère cependant par une proportion bien plus grande d'acide carbonique et par l'adjonction de principes gazeux accidentels irrespirables et méphitiques.

L'acide carbonique et les gaz nuisibles y sont d'autant plus abondants que le sol est plus impur et qu'il est plus riche en matières organiques, car ils résultent de la décomposition de ces matières par les innombrables ferments qu'elles renferment.

Le terrain sur lequel doit s'élever le nouveau quartier appartient, cela est évident, à la catégorie des sols les plus impurs, par suite du séjour prolongé de l'homme et des animaux domestiques à sa surface, et, en cette qualité, il renferme nécessairement une grande abondance de gaz délétères.

Or il y a une étroite solidarité entre l'atmosphère souterraine et l'atmosphère proprement dite. Elles opèrent des échanges mutuels avec une facilité surprenante. Non seulement les gaz souterrains se répandent dans l'air ambiant qu'ils vicient, mais encore ils pénètrent dans nos logements jusqu'à une très grande hauteur. Pendant la plus grande partie de l'année mais surtout en hiver et pendant les nuits, nos maisons ayant une température supérieure à celle de l'atmosphère agissent en effet comme des cheminées d'appel et aspirent l'air souterrain.

Il ne faudrait pas considérer le fait de la pénétration de ces gaz dans nos demeures comme un danger imaginaire ou purement théorique. Pettenkofer et Fodor en ont démontré l'existence expérimentalement. On doit la regarder comme une des causes les plus actives de la viciation de l'air des villes et par suite comme une des causes les plus puissantes de l'*anémie* qui frappe leurs habitants et les rend moins aptes à résister aux maladies.

Les dangers de cet ordre ne peuvent être révélés que par la science, ils échappent à l'appréciation du public. Voilà pourquoi aussi, aux yeux de bien des gens, l'hygiène affecte des allures d'une minutie trop rigoureuse. Si minimes qu'ils apparaissent, ils ne sont point à dédaigner. Car si nous pouvons nous endurcir contre bien des causes d'insalubrité, nous ne pouvons pas nous aguerrir contre l'intoxication lente et permanente, produite par l'air vicié que nous respirons.

N'oublions pas que notre santé s'use à petits coups, sous l'action prolongée de ces causes infimes en apparence, plus souvent qu'elle n'est anéantie brusquement par une cause grave. Il est donc rationnel, si nous sommes en mesure de le faire, de ne rien négliger pour nous mettre à l'abri des émanations malsaines qui, se dégageant du sol, envahissent nos demeures et contribuent à nous tuer à petits coups par l'anémie et par l'affaiblissement de tout notre être. Pour éviter des répétitions, nous indiquerons plus loin les moyens recommandés dans ce but par l'hygiène, car ils sont également applicables à la seconde source d'insalubrité provenant du sol.

Humidité du sol et des murailles. — Le sol présente une autre cause d'insalubrité pour les habitations, c'est son degré d'humidité. Chacun sait que lorsque les fondations d'une maison reposent sur un terrain humide, l'eau s'élève par capillarité dans l'épaisseur et le long des murailles.

Si les matériaux de construction sont peu perméables, si les murs sont bien ventilés et suffisamment ensoleillés, l'humidité ne monte pas très haut et il n'y a guère que les locaux inférieurs qui soient malsains. Mais il n'en est pas de même dans les grandes villes où, par suite de l'étroitesse des rues et des cours, le soleil ne peut jamais assécher les murailles. Alors l'humidité ne fait que s'accumuler de saison en saison et peu à peu elle gagne les étages supérieurs, sinon par les murs de façade, du moins par les murs de refente et par ceux qui sont du côté des cours.

Je n'ai pas besoin de dire que sous ce rapport les conditions les plus défavorables se trouvent réunies dans notre ville et que nulle part il n'est plus opportun de chercher par tous les moyens possibles à préserver nos habitations des dangers de l'humidité du sol. Notre ciel est ordinairement brumeux, l'atmosphère est épaissie par les brouillards, les pluies sont fréquentes et abondantes; la nappe souterraine est si peu profonde que souvent elle envahit les caves ; toutes ces conditions se réunissent pour saturer d'eau le sol lyonnais et il est bien peu de maisons qui ne présentent un certain nombre de logements malsains à cause de l'humidité des murailles.

Quelles sont donc, en dehors des affections épidémiques ou contagieuses, les maladies permanentes qui frappent d'ordinaire les populations implantées sur un sol humide comme le nôtre et qui paraissent dépendre de cette cause? Ce sont les rhumatismes, les affections catarrhales, les névralgies, les néphrites et la phtisie pulmonaire. Tous nos confrères, j'en suis sûr, reconnaîtront que ce sont les maladies qu'ils observent le plus souvent chez nos concitoyens.

Moyens de protection contre l'humidité et les émanations du sol. — Cela posé, voyons quels sont les moyens conseillés par les hygiénistes pour protéger les maisons contre l'humidité du sol et contre les émanations souterraines. Il y en a de deux sortes : le drainage et l'imperméabilité ou l'isolation des fondations.

Drainage du sol. — Le drainage du sol à l'aide de tuyaux poreux placés de distance en distance, à une certaine profondeur est un procédé depuis longtemps connu pour dessécher les terrains humides. Employé tout d'abord en agriculture, il a été mis en usage par beaucoup de villes anglaises et américaines. Georges Buchanan n'hésite pas à attribuer à son emploi la grande diminution de la mortalité par phtisie pulmonaire observée dans ces villes, à partir du moment où le drainage y a été installé.

Il est à désirer qu'un premier essai de ce moyen, peu dispendieux d'ailleurs, soit fait à Lyon dans ce quartier nouveau que nous nous plaisons à considérer comme une future Salente hygiénique.

Avant d'aller plus loin précisons davantage le but qu'on se propose en appliquant le drainage au sol des villes et spécifions bien le résultat qu'on est en droit d'espérer de son application dans notre localité.

Il a été clairement démontré par l'observation que les localités où l'on trouve, interposée entre le niveau de la nappe souterraine et les fondations des maisons, une couche suffisamment épaisse d'un sol poreux et sec, possèdent les meilleures conditions de salubrité. Inversement, il n'est pas moins certain que l'humidité au-dessous des maisons est un des principaux facteurs du développement des maladies que nous avons citées plus haut. Il importe donc au plus haut degré de modifier les conditions d'humidité du sol sur lequel on va construire et de les rendre aussi semblables que possible, à celles qui ont été reconnues favorables à la santé des habitants.

C'est là le but du drainage. Grâce à lui, l'eau d'imbibition trouve un écoulement facile par des drains, la nappe souterraine s'abaisse et s'éloigne des fondations, l'air circule plus aisément dans les profondeurs du sol et bientôt, sous cette double action, celui-ci est transformé en un sol sec et poreux, comme dans les localités les plus salubres.

Nous ne pouvons pas songer à abaisser le niveau de la nappe souterraine à Lyon, parce qu'elle est alimentée par les eaux des fleuves; mais nous pouvons fort bien agir sur les couches du sol qui sont tour à tour envahies et abandonnées par les oscillations des crues du Rhône et de la Saône, en y plaçant des tuyaux de drainage et c'est précisément dans ces couches que reposent les fondations de nos maisons.

On comprend aisément le mécanisme de ces appareils. Si la nappe s'élève, elle atteint le drain dont elle traverse les parois poreuses et s'écoule sans peine aussitôt que la crue a cessé. L'eau d'imbibition qui, dans les conditions actuelles, eût séjourné longtemps dans le sol, pénètre à son tour dans les tuyaux après le retrait de la nappe et va se déverser dans le point le plus déclive du système de drainage.

On obtient ainsi l'assèchement rapide des couches du sol les plus voisines des fondations des maisons.

Le principe admis, il resterait à élucider bien des points secondaires, tels que la profondeur, la direction, l'intervalle à donner aux files de tuyaux et les lieux de déversement du système de drainage ; mais je ne puis qu'effleurer ici cette importante question, dont les détails techniques échappent d'ailleurs à ma compétence.

Les travaux de ce genre ne peuvent se faire que sur la voie publique et sont évidemment du ressort de la voirie. Il y aurait en effet quelque danger pour la solidité des maisons, à placer des drains sous les bâtiments ou trop près des fondations. Néanmoins j'estime qu'il serait très opportun et sans inconvénient de drainer le sol des cours, qui sont toujours mal ventilées, humides et privées de tout rayon solaire. Le système de drainage de chaque maison se déverserait par un tuyau collecteur dans le drain de la rue. Le point essentiel est que les drains n'aient aucune communication avec les égouts, sous peine de devenir plus dangereux qu'utiles. On peut cependant se débarrasser des eaux de drainage en les déversant dans les égouts, mais dans ce cas les orifices des drains doivent être munis d'un siphon qui intercepte les émanations provenant de la canalisation.

Isolation des fondations. — Le drainage du sol n'est pas suffisant, et pour mettre les maisons à l'abri de l'humidité souterraine il faut recourir à d'autres palliatifs.

En premier lieu, il faut rendre imperméable l'emplacement tout entier sur lequel la maison doit s'élever.

Je ne ferai que mentionner les principaux procédés recommandés dans ce but. Les uns conseillent d'asseoir le bâtiment tout entier sur une couche de mortier asphalté (argile, sable et asphalte) qui sert, en outre, à revêtir les murs des fondations jusqu'au niveau du sol de la rue. D'autres préconisent un soubassement formé tout d'abord d'une couche d'argile grasse battue sur laquelle on étend ensuite du béton au ciment et de l'asphalte.

La couche d'argile grasse ne pourrait pas être employée dans notre ville à cause du voisinage de la nappe souterraine. D'ailleurs, la plupart des ingénieurs sanitaires se contentent de deux couches. La première est formée de quelques pouces d'épaisseur de béton et on la recouvre d'asphalte.

Cette disposition est tout à fait rationnelle et réalise à elle seule les deux indications dont nous avons parlé, de mettre la maison à l'abri des émanations gazeuses du sol et de l'humidité des murailles.

Je n'ai pas besoin de dire que pour les constructions des fondations il ne faut faire usage que de matériaux de bonne qualité et aussi imperméables que possible. Pour rendre cette imperméabilité plus absolue on intercale dans la construction une *assise* complètement impénétrable à l'eau. Certains indusriels fabriquent pour cet usage des *plaques d'isolation*, en plomb ou à base d'asphalte comprimée.

Dans les constructions lyonnaises cette assise imperméable ne serait utile que du côté des cours et dans les murs de refente, car la façade de la rue est habituellement construite avec des piliers d'un calcaire très compacte.

Il y a d'autres dispositions usitées dans le même but, mais elles ne seraient pas applicables chez nous. En Angleterre par exemple, les maisons sont presque toutes entourées d'une *area*, en contre-bas de la rue et du rez-de-chaussée. L'air peut ainsi circuler autour des sous-sols et assainir les murailles.

On conseille également de revêtir les murs du sous-sol à l'intérieur et à l'extérieur, avec des briques de grès vitrifié ou des carreaux émaillés; ou bien encore d'entourer le sous-sol d'une double muraille, de manière à ménager un canal rempli d'air tout autour des fondations.

La multiplicité de ces procédés, dont je n'ai mentionné que les principaux, montre toute l'importance que les hygiénistes et les constructeurs des autres pays, attachent à préserver les maisons de l'humidité et des émanations gazeuses du sol. Cette sollicitude est justifiée, ainsi que nous l'avons vu, par les funestes effets de ces deux grandes causes d'insalubrité. Il serait donc à souhaiter qu'on tînt compte de l'enseignement des uns et de la pratique des autres au moment de la reconstruction de la rue Grôlée. Cela est d'autant plus nécessaire, je le rappelle, que beaucoup de maisons vont se bâtir sur l'emplacement même d'anciennes fosses d'aisances et de leur zone d'infiltrations, que le sol de cet ancien quartier est saturé de matières organiques et qu'il est peu élevé au-dessus de la nappe souterraine.

III

Des maisons et de leurs dépendances.

Je ne puis pas, on le comprend, dans un simple article de journal, passer successivement en revue tous les détails de construction d'une maison ; je me bornerai donc à l'examen d'un certain nombre de points essentiels, sans m'astreindre d'ailleurs à suivre un ordre méthodique.

Corridors et escaliers. — Les corridors (*allées* pour mes compatriotes) et les escaliers ne doivent pas être construits dans l'unique but de desservir la maison plus ou moins commodément. Ils ont aussi un rôle hygiénique à remplir, celui d'aider à la ventilation. Ils agissent comme une cheminée d'appel, aspirant les gaz par en bas et les portant jusqu'au sommet de la maison. C'est en partie par leur intermédiaire que l'air pur de la rue, ainsi aspiré, afflue dans les appartements par les portes palières. Ce sont, comme le disait Fonssagrives, des organes respiratoires du bâtiment qui contribuent à l'assainir tout entier.

Pour remplir ce rôle sanitaire les corridors et les escaliers doivent être spacieux, largement ventilés et éclairés par des fenêtres donnant sur les paliers et pour mieux assurer le tirage de cette cheminée d'appel, il est bon d'en surmonter la cime d'un lanterneau à parois mobiles.

Dans bien des maisons la porte de la cave s'ouvre au pied de l'escalier, si bien que la cave et la cage d'escalier met en communication directe. C'est là une disposition fâcheuse. Toutes les émanations de la cave sont ainsi transportées dans les logements par le tirage qui se fait dans l'escalier. Tout le monde a pu remarquer la mauvaise odeur qui se répand dans toute la maison en pareil cas en été surtout. C'est une odeur bien spéciale résultant de la décomposition des matières organiques, toujours abondantes dans les caves mal tenues, et résultant aussi des vapeurs et des gaz émanés du sol ; vapeurs et gaz dont nous connaissons les propriétés malsaines.

Les architectes ne paraissent pas toujours se rendre compte du rôle hygiénique de cette dépendance de la maison. Dans bien des constructions récentes on voit encore des escaliers étroits, sans fenêtres, où l'on ne peut s'avancer qu'à tâtons même en plein jour. Ils sont parfois si exigus qu'on est obligé de s'effacer pour livrer passage à une seconde personne.

Il en est d'autres qui n'ont pas ces défauts. Larges, bien éclairés, munis de fenêtres, ce seraient d'excellents appareils de ventilation sans la malencontreuse idée que l'architecte a eue d'y faire ouvrir les lieux d'aisances, dont les fenêtres aux allures peu secrètes, sont juste à côté de la porte d'entrée de chaque logement.

Cette disposition, aussi bizarre qu'ingénieuse, est, je crois, spéciale à notre ville et frappe toujours d'étonnement les étrangers qui en font la remarque. Vous allez en visite, vous sonnez. Aussitôt des bruits caractéristiques d'opercule et de porte se fermant à la hâte, ne vous laissent point douter de votre inopportunité. Avouez que si cela manque de discrétion, cela manque aussi de propreté et de salubrité. Votre voisin de palier ne peut ouvrir sa porte sans respirer les émanations qui s'échappent de votre cabinet d'aisances, il est vrai qu'il vous le rend bien à son tour.

J'espère qu'il suffit de signaler de pareilles erreurs hygiéniques à MM. Delamare et Ferrand, pour qu'ils ne les laissent pas se reproduire dans les maisons qu'ils sont chargés de faire construire.

Toiture. — Je n'ai rien à dire de bien spécial au sujet de la toiture et je me bornerai à deux recommandations, dont la réalisation serait, je pense, bien accueillie du public.

La première consiste à conseiller de garnir le bord de la toiture d'une petite barrière à treillis destinée à retenir les matériaux qui parfois se détachent des toits et assomment les passants.

Des accidents de ce genre plus ou moins graves sont assez fréquents pendant les jours de grand vent, et je me rappelle qu'il y a cinq ou six ans, une jeune fille a été tuée sur le coup par une brique détachée d'une cheminée dans la rue de Condé. Ajoutons que ce garde-fou servirait aussi à prévenir la chute des ouvriers, obligés de travailler sur les toits.

La seconde recommandation est de même ordre. Je propose d'établir le long de l'arête faîtière un chemin dallé, muni d'une main-courante, qui ferait communiquer entre elles les maisons voisines. On en voit tout de suite le but et l'utilité : en cas d'incendie, si l'escalier était impraticable, les habitants des étages supérieurs, pourraient sans aucun danger s'échapper par les toits.

Mansardes, combles. — Nous appelons en outre l'attention des architectes sur l'importance qu'il y a à ne pas négliger les conditions de salubrité des logements situés dans les combles de la maison. Le plus vulgaire sentiment d'humanité nous impose l'obligation de donner à ces logis du pauvre le meilleur aménagement possible, pour compenser les défauts qu'ils présentent fatalement par le fait de leur situation. Si ce sentiment ne suffisait pas, je rappellerai que le voisinage des gens qui vivent dans de mauvaises conditions hygiéniques n'est pas indifférent pour les autres habitants. Les relations qui s'établissent entre les divers locaux sont si étroites qu'il faut assurer scrupuleusement la salubrité de toutes les parties de la maison.

Signalons en passant une disposition fréquente et défectueuse, qui intéresse plus spécialement l'hygiène des habitants logés sous les toits. Les eaux pluviales recueillies par les cheneaux sont conduites par de tuyaux de descente directement dans les branchements d'égout. Les règlements de la voirie n'exigeant pas que ces tuyaux soient munis à leur pied d'un siphon hydraulique, il en résulte que les gaz des égouts s'élèvent par les tuyaux jusqu'au niveau du toit et se répandent par les fenêtres dans les logements voisins des combles.

Cela m'amène à noter une autre disposition vicieuse, assez fréquente dans les maisons qui ont été construites il y a trente ou quarante ans. Je veux parler des tuyaux de décharges des éviers qui s'abouchent et se déversent librement dans des espèces d'entonnoirs, placés le long des descentes des eaux pluviales. Les parois de ces récipients constamment souillés par les eaux de cuisine, dégagent une odeur infecte autour des fenêtres, et leurs émanations se répandent dans les logements en même temps que celles qui proviennent des égouts.

Loges de concierges. — Dans le même ordre d'idées, je ferai observer que la plupart des loges de concierges, sont déplorables au point de vue de la salubrité des gens qui les habitent et par suite pour la salubrité de la maison toute entière. Il y a à Lyon près de 10,000 maisons ayant plus de trois étages, et par conséquent presque toutes pourvues de portiers, cela représente au minimum une population de 15,000 individus qui vivent misérablement dans des logements insalubres pour la plupart. Etant médecin du Dispensaire, je me souviens avoir visité une pauvre concierge de la rue Casimir-Perrier, dont la loge était construite sur la fosse d'aisances, or, à ce moment, celle-ci remplie outre mesure, débordait dans son logement !

Ajoutons que c'est encore une particularité de notre ville, que de lire en entrant dans certaines maisons cette inscription facétieuse : « Le concierge est au cinquième ».

Fenêtres. — Nous avons vu qu'il doit y avoir un certain rapport entre la largeur de la rue et la hauteur des maisons, pour que la lumière directe du ciel pénètre en quantité convenable dans les logements. Mais cette condition n'est pas suffisante, il faut aussi que la surface des baies d'éclairement soit proportionnée à la surface à éclairer. On admet que le vide des fenêtres doit être égal au quart de la superficie du mur où elles sont placées.

Ajoutons une remarque des plus importantes. C'est qu'il y a avantage, pour que la lumière pénètre plus profondément, à augmenter la hauteur des fenêtres plutôt que la largeur. Il faut donc placer le linteau des fenêtres aussi haut que possible. C'est d'ailleurs la disposition le plus ordinairement adoptée dans les constructions modernes ; mais nous allons voir que, si les architectes établissent les fenêtres d'une façon rationnelle, en les faisant aussi hautes que possible pour bien éclairer le logement dans sa profondeur, on se hâte d'annihiler ces avantages par la manière dont on garnit ces ouvertures soit à l'intérieur, soit à l'extérieur.

Persiennes ou abat-jour ? — Ici se pose une question qui n'est pas sans importance : Faut-il garnir les fenêtres de jalousies ou bien faut-il les munir de persiennes ? Les jalousies ont le grand inconvénient de diminuer beaucoup la hauteur de la baie d'éclairage. D'une part, pour les protéger contre la pluie et rendre leur aspect plus gracieux, on en recouvre la partie supérieure d'un lambrequin de fonte, qui à lui seul intercepte déjà les rayons lumineux les plus éclairants et les plus utiles ; d'autre part, l'abat-jour dépassant la hauteur du lambrequin quand il est relevé, forme à la partie supérieure de la fenêtre un rideau opaque qui diminue considérablement la hauteur de l'embrasure.

Je n'hésite pas à dire qu'au point de vue de l'éclairement du logement, les persiennes sont bien préférables aux abat-jour. Elles sont d'ailleurs d'un usage presque général dans les autres villes, à Paris, notamment. Les jalousies qui sont d'importation méridionale valent peut-être mieux que les persiennes dans les pays, où les habitants ont à se protéger contre l'ardeur du soleil et contre l'excès de la lumière. Mais dans un climat comme le nôtre, la généralisation de leur emploi est un contre-sens, qui ne s'explique pas.

Si les constructeurs de la rue Grôlée prenaient l'initiative de les remplacer par des persiennes, ils amèneraient probablement une modification dans les usages lyonnais et, à mon avis, rendraient service à nos concitoyens.

Peintures au plomb. — Ils rendraient également service à la santé publique et surtout à la corporation des peintres en bâtiment, s'ils prenaient aussi l'initiative de proscrire toutes les peintures contenant des sels de plomb. On s'explique difficilement, si ce n'est par la puissance de la routine, pourquoi le blanc de zinc vainement proposé depuis un siècle n'a pas encore détrôné la céruse.

Les intoxications plombiques sont encore très fréquentes malgré les précautions hygiéniques recommandées aux ouvriers qui manient la céruse. Nous avons encore assez souvent l'occasion de donner des soins à l'Hôtel-Dieu à des ouvriers peintres atteints d'empoisonnement saturnin. Ce n'est jamais sans une immense pitié pour ces malheureuses victimes et sans une certaine irritation contre ceux qui les commandent, que nous sommes témoin de leurs atroces souffrances.

Notez que le blanc de zinc dépourvu de toute propriété délétère est moins cher que le blanc de céruse, qu'il couvre plus de surface, qu'il a plus de corps et qu'il est moins aisé de le falsifier, en y ajoutant de la baryte ou même du carbonate de chaux.

Au reste, la commission des architectes de Paris a depuis longtemps émis l'avis que la peinture au blanc de zinc étant plus économique, plus belle et plus durable que celle à la céruse, il conviendrait d'inviter les architectes à l'adopter dans leurs travaux.

L'occasion est belle d'inaugurer dans notre ville cette amélioration hygiénique. La municipalité qui a donné tant de fois des preuves de sa sollicitude pour la classe ouvrière, a heureusement le droit d'intervenir à cette occasion et pourrait facilement obtenir des entrepreneurs qu'ils renonçassent à la peinture à la céruse dans les travaux qu'ils vont exécuter pour la rue Grôlée.

Planchers. — Si nous passons à l'aménagement intérieur de la maison nous nous permettons de recommander aux architectes d'apporter plus de soin dans la construction des planchers. D'ordinaire, ils sont si minces que les logements superposés sont à peine indépendants et que l'on entend dans l'un les bruits qui se passent dans l'autre. En outre, il est démontré expérimentalement que l'air de l'étage inférieur pénètre au travers du plafond dans l'étage au-dessus. On voit tout de suite les inconvénients qui peuvent en résulter. Il appartient donc aux architectes de rechercher les moyens de rendre ces parois aussi imperméables que possible à l'air et aux sons, sans trop en augmenter l'épaisseur.

Les hourdis sont ordinairement faits avec de vieux matériaux, de la terre rapportée, des plâtras. Un hygiéniste dont le nom m'échappe a analysé leur contenu et a constaté qu'ils renfermaient un nombre prodigieux de microbes. Ceux-ci ne sont pas tous inoffensifs et on conçoit qu'ils puissent aisément se répandre dans l'appartement à travers les fissures du parquet. Il y a sous ce rapport de sérieux progrès à réaliser et nous livrons ce desideratum aux recherches de nos constructeurs.

Les plinthes qui sont placées au bas des murs et des briquetages doivent être engagées dans une rainure dans le plancher. On évite ainsi les amas de poussière et de donner un asile commode aux insectes et aux souris.

Alcôves. — C'est l'usage à Lyon de faire des alcôves dans presque toutes les pièces. Nous apprécions les raisons économiques de cette pratique ; mais l'hygiène ne peut que la condamner. Rien n'est plus malsain que de soustraire à l'air et à la lumière les literies qui se chargent pendant le sommeil de toutes les sécrétions de la peau. D'autre part, les alcôves forment un diverticulum où l'air se renouvelle mal pendant la nuit et le dormeur n'y respire qu'une atmosphère plusieurs fois ruminée.

Cuisines. — Pour installer les cuisines on choisit trop souvent le coin le plus obscur et le plus étroit du logement. Là où il faudrait une grande quantité d'air pur pour alimenter la combustion du fourneau, celle d'une lampe et la respiration d'une femme au moins, l'espace cubique est réduit aux proportions les plus exiguës. C'est créer un foyer d'insalubrité au cœur de la place. Il ne faut pas oublier que toutes les parties d'un logement sont solidaires et que s'il y a quelque part un foyer d'infection toute l'habitation en subit les funestes effets. On doit tout sacrifier pour assurer aux cuisines une bonne ventilation et de la lumière, et pour faciliter l'entretien de ces locaux dans un état de propreté exquise.

Le sol en doit être parfaitement dallé, asphalté ou cimenté, peu importe, de façon à empêcher toute infiltration d'eau chargée de matières organiques et pour permettre de fréquents lavages, sans qu'il reste à leur suite d'humidité permanente. Il faut ménager au ras du sol un orifice d'évacuation des eaux de lavage communiquant par un conduit avec le tuyau de fuite de l'évier. N'oublions pas que ce conduit doit être muni d'un siphon en S sur son parcours. Les murailles doivent être garnies jusqu'à une certaine hauteur avec des carreaux de faïence émaillée ou de tout autre enduit imperméable pour s'opposer à la pénétration des matières organiques.

Les *fourneaux maçonnés* sont d'un usage presque général dans les cuisines des maisons habitées par la bourgeoisie lyonnaise. Ces appareils ont l'inconvénient de se dégrader au bout d'un certain temps et ils deviennent bientôt le refuge de prédilection de tous ces hôtes incommodes, qui peuplent les cuisines les mieux tenues. Les fourneaux portatifs n'ont pas les mêmes inconvénients et permettent d'entretenir dans un grand état de propreté le sol sous-jacent.

Je ne parlerai pas ici des dispositions à prendre pour les éviers, car j'aurai bien tôt l'occasion d'y revenir.

Cabinets d'aisances. — Que de choses à reprendre au sujet des cabinets d'aisances. J'en connais qui sont placés tout à côté de la cuisine, d'autres, on peut le dire, sont dans la cuisine même, car ils n'en sont séparés que par une mince cloison vitrée. Nous avons vu déjà ce qu'il faut penser des latrines établies à l'entrée du logement, à côté de la porte palière et n'ayant d'autre orifice de ventilation qu'une étroite fenêtre s'ouvrant dans l'escalier même. Les mieux installés ne sont séparés, pour la plupart, du reste de l'habitation que par une simple porte qui s'ouvre sur le vestibule ou sur le corridor commun aux autres chambres. Je n'ai pas besoin d'insister pour faire comprendre combien sont vicieuses toutes ces dispositions.

Les matières excrémentitielles dégagent une quantité de gaz si considérable et ces émanations sont si malsaines, qu'il serait à désirer qu'on pût toujours séparer complètement les cabinets d'aisances du corps de logis. Mais quand la chose est impossible il ne faut les faire communiquer avec le reste de l'habitation que par l'intermédiaire d'un petit vestibule, qui doit être bien ventilé, comme le cabinet doit l'être de son côté. Pour assainir les cabinets d'aisances il faut de l'air et de la lumière et par conséquent des fenêtres au moins aussi grandes que dans les autres locaux, contrairement à l'usage qui en réduit les dimensions au minimum toléré par les règlements de police.

Le mieux est de les éclairer par deux fenêtres placées de chaque côté du siège, qui permettent à l'air de balayer facilement les gaz méphitiques échappés du closet. Pour réaliser cette disposition, il suffirait de les installer dans des espèces de tourelles faisant avancement du côté des cours. Inutile d'ajouter que le sol et les parois, le siège doivent être absolument imperméables à l'humidité et présenter une surface lisse et unie pour permettre les lavages. Je laisse de côté, pour le moment, ce qui a trait au système d'évacuation, pour y revenir plus loin.

Drainage des immondices domestiques. — Quand une maison est située dans une rue suffisamment large, quand elle est bien ventilée et bien éclairée, quand elle est mise à l'abri de l'humidité et des émanations du sol, quand elle est convenablement distribuée, elle présente assurément les conditions primordiales sans lesquelles une maison ne saurait être saine. Mais cela n'est point suffisant pour assurer sa salubrité; car dans ce logement réunissant en apparence les meilleures dispositions hygiéniques, il peut y avoir des sources d'infection qui résultent du séjour des habitants et qui proviennent du drainage défectueux des résidus domestiques de toute sorte.

Tous les résidus domestiques secs ou liquides sont des matières organiques dangereuses par leur décomposition qui vicient l'air de l'habitation et qui servent de terrain à la multiplication des germes des maladies.

Il importe donc en premier lieu d'éloigner au plus tôt, immédiatement, tous les résidus produits dans l'habitation et en second lieu de ne laisser aucun courant gazeux d'air vicié par eux, faire retour dans l'air enfermé des appartements.

Les débris alimentaires, les déchets de cuisine rentrent dans la catégorie précédente et ne doivent pas séjourner dans nos demeures. En l'état actuel des choses, on ne peut s'en débarrasser qu'une fois par jour, le matin au moment du passage des tombereaux. A partir de ce moment jusqu'au lendemain on est forcé de garder ses résidus en dépôt dans l'habitation, où ils fermentent, se décomposent et donnent lieu à des exhalaisons infectes, surtout pendant les grandes chaleurs et pendant la nuit.

Je sais bien que dans beaucoup de maisons on peut les déposer à toute heure du jour dans le récipient général réservé à cet usage, mais en pratique cela ne se fait pas. Chaque sortie demande un certain temps et une certaine fatigue pour descendre et remonter l'escalier, et d'habitude chaque logement est obligé d'avoir un récipient spécial qui n'est vidé que le matin.

Pour obvier à cet inconvénient, les cuisines ou, tout au moins, les paliers des escaliers de service doivent être munis de tuyaux de chute, placés extérieurement dans les cours, comme cela se fait depuis longtemps en Angleterre et en Amérique.

Pour éviter les émanations provenant de ces tuyaux, ils seraient munis à chaque fenêtre de palier d'une trémie à fermeture automatique, pour y projeter les immondices. Chaque tuyau aboutirait à un récipient général en tôle galvanisée et enfermé dans une sorte de caisse hermétiquement close. A l'aide de cette installation très simple, on assurerait le départ immédiat des résidus secs de tous les logements, sans causer ni fatigue, ni dérangement à leurs habitants et sans que l'air soit vicié par la mauvaise odeur et par les gaz malsains.

Tout à l'égout. — Je crois savoir que pour le nouveau quartier on adoptera le système du *tout à l'égout*, c'est-à-dire qu'il n'y aura pas de fosses d'aisances et que les excréments solides et liquides se rendront directement à l'égout, ainsi que les eaux de cuisine, les eaux de lavage et les eaux pluviales.

Ce n'est pas ici le lieu de faire le procès aux autres méthodes de vidange, ni de développer toutes les raisons théoriques qui militent en faveur de celle-là. Je me contenterai de dire que le système anglais a fait ses preuves, qu'il a constamment amélioré les conditions de salubrité des villes qui l'ont mis en usage.

C'est le seul système connu jusqu'à ce jour qui, n'étant pas l'ennemi de l'eau, permet de réaliser les conditions suivantes, représentant le maximum de salubrité uni au maximum de propreté :

1° Départ immédiat des matières de vidange ;

2° Possibilité de noyer aussitôt ces matières dans un grand volume d'eau, ce qui empêche leur mauvaise odeur et les gaz méphitiques de se répandre dans l'appartement ;

3° C'est le seul système qui permet l'emploi des fermetures hydrauliques, les seules qui soient efficaces contre le retour des gaz des tuyaux de chute.

Tous les autres procédés, sans en excepter ceux à aspiration (Berlier-Liénur), ne réalisent qu'une partie de ces conditions et sont inférieurs au système du tout à l'égout.

Pour que ce système donne les bons résultats qu'on est en droit d'attendre, il est nécessaire qu'il soit convenablement installé, ce qui est loin d'être la règle dans notre ville.

En effet, toutes les ouvertures intérieures qui servent au départ, soit des eaux ménagères et des eaux pluviales, soit des matières excrémentielles, sont autant d'orifices qui vomissent dans l'appartement les gaz viciés de la canalisation. On ne soupçonnerait pas à priori l'énorme quantité de gaz que dégagent ces orifices. Songez, pour en donner une idée, qu'on a calculé qu'une ouverture de bonde d'évier laisse passer 1,097,000 litres d'air vicié par jour, et qu'une ouverture de siège d'aisances en laisse passer dix fois plus.

Il est donc indispensable de munir tous les tuyaux de drainage de ces résidus d'un organe qui permette le départ facile de ces immondices et qui ne laisse jamais refluer dans la maison le gaz de la canalisation.

Les fermetures à valve ne valent rien, elles ne remplissent que très imparfaitement ces conditions. Les meilleures sont celles à siphon hydraulique et parmi elles, la plus simple de toutes, le siphon en S.

Le seul inconvénient de ces fermetures est que le siphon doit toujours renfermer une certaine quantité d'eau. Or, il arrive parfois qu'à la suite d'une absence prolongée du locataire, l'eau s'évapore et que la communication s'établit librement entre l'appartement et la canalisation. On doit y remédier par l'application de tampons spéciaux dits *tampons d'absence*.

Un autre inconvénient à signaler. Lorsqu'en amont d'un siphon on projette violemment une masse d'eau, il arrive souvent que les gaz comprimés parviennent à traverser le liquide du siphon ; d'autres fois si la masse d'eau est projetée violemment à l'étage au-dessous, il se fait une véritable aspiration qui désamorce le siphon. Pour parer à tous ces accidents, les ingénieurs sanitaires sont unanimes à recommander la ventilation des siphons, c'est-à-dire de mettre en communication avec l'air extérieur la partie la plus élevée de l'S, au moyen d'un tuyau de petit diamètre qui débouche en haut de la maison.

La ventilation du siphon est absolument obligatoire si on tient à avoir une fermeture parfaite.

Cela posé, tous les tuyaux de décharges, des éviers, des lavabos, des baignoires, etc., doivent être munis d'un siphon. sans quoi les gaz de l'égout font retour dans la maison et le système anglais loin d'être un perfectionnement hygiénique, devient un danger pour les habitants. Combien y a-t-il de maisons à Lyon où la canalisation domestique soit munie de siphons dans toutes ses parties ? Croyez le, s'il y en a, leur nombre ne dépasse pas celui des justes exigé pour sauver Sodome et Gomorrhe.

Qui dit tout à l'égout, dit water-closets. Les cabinets d'aisances doivent être pourvus d'un *siphon hydraulique, ventilé* bien entendu, et d'une quantité d'eau suffisante pour réaliser les conditions énoncées plus haut. On estime à 15 à 20 litres (30 même par les hygiénistes anglais) par tête et par jour l'eau nécessaire.

Il n'y a pas beaucoup de water-closets établis dans notre ville. Les propriétaires, qui sont obligés de payer des sommes assez rondes pour faire vider leurs fosses, s'y opposent et on comprend les motifs de leur hostilité. Quant à ceux que j'ai pu voir, j'ai constaté qu'ils étaient établis pour la plupart, d'une manière dangereuse pour la santé publique. Je m'explique : l'eau nécessaire au lavage de la cuvette y est amenée sans pression à l'aide d'un tuyau qui débouche dans le récipient. Ce tuyau est soudé directement au branchement de distribution de l'eau de la compagnie. Il en résulte que si l'on vient à fermer la canalisation, pour faire des réparations ou pour éviter la gelée, il se produit une pression négative, et se fait une sorte d'aspiration qui peut entraîner des matières fécales dans les tuyaux de la Compagnie.

En Angleterre où toutes les questions sont depuis longtemps élucidées, il n'y a pas un architecte, il n'y a même pas un ouvrier plombier qui ne sache que le système de distribution d'eau des lavabos, des water-closets doit être indépendant, afin d'éviter la pénétration des eaux sales et des ferments et virus dans la canalisation d'eau pure.

Ventilation et chauffage. — Pour compléter l'étude des points essentiels à la salubrité des maisons, il me resterait à parler des moyens de ventilation et de chauffage ; mais ce sont là des questions très complexes, qui exigeraient des développements considérables.

Je me bornerai à dire que tous les appareils de ventilations construits pour les habitations privées, ont des inconvénients. Le meilleur moyen de renouveler la provision d'air d'un appartement est encore d'ouvrir souvent les fenêtres.

Je ne me permettrai pas de recommander aux architectes de mettre tous leurs soins à la construction des cheminées, tant la chose est élémentaire. C'est à eux de rechercher les dispositions qui permettent d'utiliser au mieux la chaleur du foyer, sans diminuer le tirage, qui est un puissant moyen de ventilation.

C'est parce que la plupart des cheminées sont mal construites et ne chauffent qu'imparfaitement, que l'engouement du public s'est porté sur ces instruments perfides qu'on appelle des poêles mobiles et qui mériteraient le nom de poêles asphyxiants. A ce titre, ils sont destinés à jouer un rôle dans le roman de l'avenir, soit comme moyen de suicide, soit comme moyen de vengeance. Car avec ces appareils, non seulement on arrive à s'asphyxier aussi aisément qu'avec le classique réchaud à charbon; mais encore on peut empoisonner ses voisins à distance, sans qu'ils s'en doutent. L'oxyde de carbone qu'ils fabriquent en grande abondance, est un poison si subtil qu'il se glisse par les interstices des planches et par les fissures des tuyaux de cheminées. Fait dont un auteur ingénieux peut tirer parti pour accroître l'intérêt de son drame, ils tuent brusquement comme les poisons les plus violents, ou lentement comme ces parfums mystérieux qui passaient pour faire mourir leurs victimes de consomption progressive.

Ces lignes, sans prétention scientifique, ont été écrites spécialement pour nos généreux souscripteurs du Dispensaire, dans le but de les initier aux principales questions de l'hygiène de la maison; et aussi dans l'espérance d'être utile à quelques-uns de nos concitoyens. Auront-elles la bonne fortune de tomber sous les yeux des architectes intéressés? Auront-elles le don de les convaincre? Je ne sais. Mais je ne puis que leur répéter ce que je disais en commençant : « L'avenir est aux maisons bien construites et aux quartiers salubres. »

E. CLÉMENT.